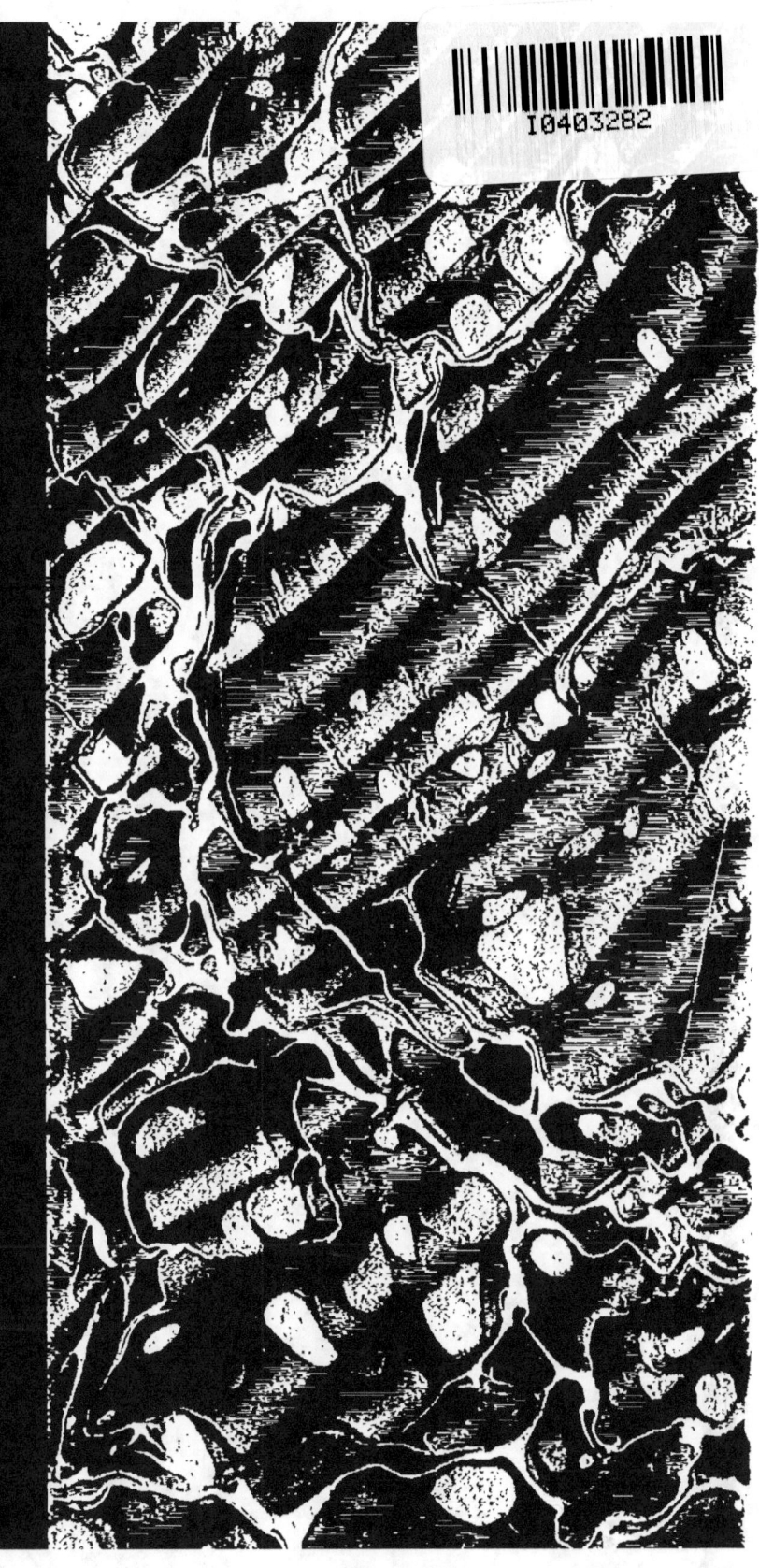

SALON DE 1853.

SALON DE 1853

PAR

CLAUDE VIGNON.

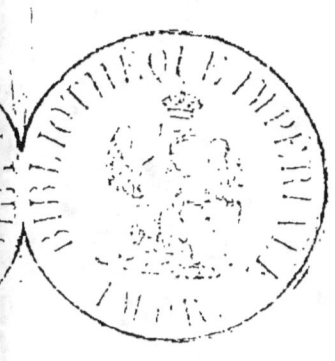
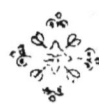

PARIS

Chez DENTU, Libraire-Éditeur,

Palais-Royal, galerie d'Orléans, 13.

—

1853

SALON DE 1853.

Observations Préliminaires.

C'est sous les hauts lambris du vaste bâti-
ment des Menus-Plaisirs que le gouvernement
a, cette année, trouvé un asile pour l'exposition des artistes vivants. Elle est bien no-
made, et depuis bien longtemps, cette pauvre
exposition ; mais elle émigre enfin pour la
dernière fois, et, hâtons-nous de le dire,
cette halte dernière n'est pas autrement pé-
nible, malgré l'éloignement du quartier Pois-
sonnière, car si l'art est encore au bivouac,
au moins faut-il reconnaître qu'il a presque
toutes ses aises.

1.

Nous n'avions pas encore vu, en effet, un local si bien approprié à cette destination provisoire. Jamais les toiles gigantesques de l'école moderne ne se sont étalées avec complaisance sur d'aussi vastes murailles ; jamais les blanches statues, sorties la veille de l'atelier, n'ont trouvé si beau jour et si commodes galeries.

En 1849, par une belle inspiration humanitaire, on remisa l'exposition annuelle sous les plafonds dorés du palais des rois. Eh bien ! voyez comme l'art est grand seigneur : il se prit pour un empereur et demanda des agrandissements !

M. de Nieuwerkerke a compris cela, et l'on assure qu'il va préparer à nos expositions un palais digne d'abriter ou cette noble fierté ou cette outrecuidance.

En attendant, il décore avec autant de luxe que possible les hangars provisoires, il sème des fleurs dans les galeries improvisées, et, secondé par une administration intelligente, il dispose avec un goût tout artistique, les statues et les tableaux.

Grâce à ces soins, il y a aussi peu de mauvaises places que possible au salon de 1853. Sans doute, toutes les œuvres ne sont pas aussi bien partagées les unes que les autres, et il y a, comme toujours, des mécontents. Mais, parmi les artistes, la race des mécontents est immortelle ; quand bien même on ferait construire à chacun une salle spéciale pour chacune de ses œuvres, il y aurait encore des plaintes et des réclamations. Les directeurs des Beaux-Arts et des Musées doivent en savoir quelque chose.

Nous ne voulons pas dire par là que toutes les réclamations soient injustes et abusives. Nous nous ferons, au contraire, l'écho de toutes celles qui nous paraîtront raisonnables, car nous savons d'avance que l'administration est disposée à y faire droit. Constatons seulement que, parmi les appelés, il y a plus d'élus que jamais.

Mais puisque nous promettons de réclamer en faveur des artistes véritablement victimes d'une erreur, signalons, dès à présent, celle qui a fait placer si peu en vue la grande

toile de M. Heim, un des tableaux qui
selon nous, mériteraient les honneurs d
Salon.

On se plaint beaucoup de la sévérité d
jury, qui a, dit-on, refusé les deux tiers de
œuvres envoyées. Cette sévérité ne nous sem
blerait jamais un mal, si, toujours auss
égale qu'inflexible, elle passait toutes le
œuvres examinées sous un même niveau
malheureusement, il n'en est pas ainsi, e
nous sommes obligé de donner raison au
plaintes d'un grand nombre.

Ce n'est pas que nous venions à notr
tour nous incorporer dans la phalange de
mécontents, et répéter les banalités qui on
cours tous les ans parmi les artistes refusé
sur les injustices du jury. Non, nous savons
très bien que tous les juges sont, individuellement disposés à autant de bienveillance
que d'équité. On dit souvent que la camara-
derie est pour beaucoup dans les décisions
du jury, et que chacun protège un peu ses
élèves au détriment du commun des martyrs. En supposant que cela puisse arriver

quelquefois, c'est bien rare, et si les artistes, qui croient à l'injustice et au parti pris, connaissaient beaucoup les rouages de la plupart des institutions humaines, ils verraient, au contraire, qu'il n'en est peut-être pas une où l'intégrité soit si sincèrement une loi pour chacun en particulier.

Le mal est patent toutefois, et tous les ans il se renouvelle ; tous les ans, il est de notoriété parmi les artistes que certains tableaux refusés valent mieux, ou tout autant, que d'autres qui sont admis. Et il en était ainsi sous le jury des membres de l'Institut, et il en sera ainsi sous tous les jurys, puisque la même cause amène toujours les mêmes résultats.

Voici comment les choses se passent chaque année, le lendemain du jour où MM. les artistes ont déposé entre les mains des représentants de l'administration des Musées les œuvres qu'ils soumettent à l'examen du jury.

Chacun des membres du jury est prévenu par l'administration que le jugement doit commencer tel jour, et qu'on l'invite à venir prendre part aux opérations.

Ces messieurs, qui ont été nommés souvent sans le désirer et sans tenir beaucoup à une distinction qui comporte autant de désagrément que d'honneur, ne regardent pas tous comme une obligation de venir tous les jours et à heure fixe remplir la charge qu'elle leur impose. Donc, ils viennent ou ne viennent pas, et souvent un jury, qui devrait être composé de dix ou douze membres, en réunit à peine sept.

Chacun des membres du jury a une opinion individuelle bien arrêtée, bien motivée et bien incorruptible en fait d'art. Chacun établit, sur l'échelle du beau, du bon, du passable et du médiocre, un point fixe qui marque la limite infranchissable où commence le mauvais ou l'insuffisant; mais la hauteur où cette limite est placée varie suivant les consciences. Tel juge est décidé à n'admettre que les œuvres hors ligne, tel autre à ne refuser que ce qui est absolument mauvais. Or, comme chaque jour le jury agissant est composé d'individualités et de consciences différentes, la majorité est essentiellement flottante ; ce qui est reçu la veille est refusé le lendemain, et ce sont ces fluctuations qui produisent l'incohérence de certains jugements.

On le voit, l'injustice existe, et cependant chacun des juges est individuellement très impartial. C'est à l'administration à remédier, par un réglement, à ce vice d'organisation, en mettant chaque juge nommé dans l'obligation de se rendre au Salon tous les jours à heure fixe, tant que doivent durer les opérations, ou à donner sa démission.

En effet, les fonctions de juge ne son pas seulement un honneur, elles sont surtout une tâche, et si l'on vient à considérer, par exemple, qu'un refus est, en certain cas, presque une exécution, que de pauvres artistes voient quelquefois, par suite d'une expulsion, leurs moyens d'existence compromis pour plusieurs années ; que d'autres, frappés dans ce qu'ils ont de plus cher, en tombent malades ou restent frappés au cœur, on se demande si les fonctions de membre du jury de l'exposition ne devraient pas être remplies aussi scrupuleusement que celles des jurés qui siègent à la cour d'assises, et réglementées par des lois analogues.

SCULPTURE.

MM. Barre. — Cordier. — Cavelier. — Maillet. — Guillaume. — Falconnier. — Ottin. — Dieudonné. — Lequesne. — Mme Le Fèvre-Deumier. — MM. Clésinger. — Pollet. — Truphême. — Diébolt. — De Nogent. — Moore. — Courtet. — Robert. — Desprey. — Ferrat. — Dantan. — Rouband. — Bosc. — Tragin. — Montagny. — Doublemard. — Taluet. — Lescorné. — Paul Gayrard. — Marcellin. — Loison. — Debay. — Van-Hove. — Jouffroy. — Huguenin. — Fabisch. — Véray. — P. Hébert. — Moreau. — Toulmouche. — Evrard. — Michel Pascal. — Chatrousse. — Santiago. — Lechesne. — Fremiet. — Fratin. — Rouillard. — Gonon, etc., etc.

SCULPTURE.

—————

Fidèle à la résolution que nous en avons prise, nous commencerons cette année, comme les années précédentes, par rendre compte de la sculpture.

La sculpture est la plus haute et la plus incorruptible manifestation de l'art. C'est elle qui conserve surtout, en dépit de la mode et des exagérations de toutes les écoles, ces lois suprêmes du beau qui lui tracent sans cesse sa noble mission. Devant les siècles qui passent, les empires qui disparaissent et

2.

les civilisations qui se renouvellent, elle
reste la même, et nous fait admirer aujour-
d'hui encore la beauté sereine et immortelle
qu'admiraient les Grecs du siècle de Périclès.

A elle donc notre première appréciation,
notre premier hommage. Assez de critiques
d'ailleurs, séduits par les créations plus
vivantes de la peinture, donnent à celle-ci
la première et la meilleure part, et ne s'oc-
cupent de la sculpture qu'incidemment. Que
d'écrivains consacrent souvent une page à
l'appréciation d'une toile, brillante impro-
visation de quelques jours, et oublient de
mentionner, seulement pour mémoire, une
figure en marbre pleine de qualités sévères,
et qui a coûté des années de travail à l'artiste !

Aussi, arrive-t-il que le public, si pas-
sionné devant les productions de certaines
palettes vivement discutées, reste presque
indifférent aux créations de la statuaire, et
que certains noms célèbres dans le monde
artistique, et qui représentent des talents

du premier ordre dans l'art des Canova et des Pradier, sont à peine connus de la masse.

La critique artistique a, suivant nous, une double mission à remplir ; elle doit d'abord parler au public, indiquer la voie à ses jugements, épurer son goût, faire en quelque sorte son éducation. Elle doit ensuite s'adresser aux artistes, et se faire en quelque sorte envers eux l'écho des amateurs éclairés et des gens de goût.

Nous essaierons de réaliser ce double but : pour cela, nous apprécierons le plus grand nombre d'œuvres possible, dussions-nous quelquefois nous montrer sévère. On ne discute que les œuvres remarquables, et la pire condamnation est celle du silence. C'est une vérité que tous les écrivains savent bien, et que tous les artistes devraient bien apprendre.

Quant à nous, si nous étions artiste, ce que nous demanderions avant tout et sur toute chose, ce serait une critique sincère, car c'est la pierre de touche qui révèle la valeur d'un ouvrage.

Aussi, croyons-nous que les écrivains ne devraient jamais s'occuper sérieusement de ces excentricités artistiques lancées en brûlots par leurs auteurs, pour forcer le regard et attirer l'attention : cela donne quelque valeur à des choses qui souvent méritent beaucoup de ridicule, et encourage certains artistes à renouveler leur tour de passe-passe. Si ces messieurs ne veulent qu'une affiche, ils feraient mieux d'exposer tout simplement de bonnes choses, et de faire dire, par les murs de Paris ou la quatrième page des journaux, que l'auteur de tel ou tel tableau avale des étoupes enflammées et va en ville.

En entrant dans les salles de sculpture, avant que le regard ait eu le temps de se poser sur aucune des œuvres exposées, une douloureuse pensée traverse le cœur des artistes, des écrivains, des amateurs ; depuis trente années, voici le premier salon où l'on ne trouvera pas de statue de Pradier! Il fallait que la mort vînt glacer la main du grand statuaire pour que le marbre cessât de s'animer sous les caresses de son ciseau sans rival.

Au Louvre, maintenant, les œuvres de Pradier, puisque pour lui l'immortalité commence! Raphaël y attend son émule, et la France veut montrer fièrement à l'Europe cette longue suite de chefs-d'œuvre dont la série est terminée!

On a cru un instant que le nom du grand maître figurerait encore une fois au livret, car il a été question d'exposer le buste d'une charmante femme, de Mme Marceau, une de ses élèves. Malheureusement, le marbre n'a pu être terminé à temps.

C'est M. Barre qui, cette année, cueille la palme de la grâce. Sa *Bacchia* est une des plus charmantes figures que nous ayons vues depuis longtemps. La tête surtout, expressive et fine, nous semble un morceau de maître. Les yeux, à demi fermés par une molle ivresse, semblent briller sous leurs paupières transparentes. Ce n'est pas la bacchante encore, mais c'est bien la fille de Bacchus. L'exécution est très soignée, et se recom-

mande par une grande étude de détails. Il y
a de la vérité, beaucoup de vérité dans cette
statue : c'est du réalisme comme nous le
comprenons. On remarque, cependant, de la
lourdeur dans certaines parties. Signalons,
par exemple, la gorge, un peu trop dévelop-
pée, et les jambes, qui manquent de finesse
et ne *s'enveloppent* pas heureusement. Si
nous ne nous trompons, la statue de
M. Barre a été faite d'après le modèle et beaucoup d'après un même modèle ; Bacchia est
une de ces belles Juives du quartier Saint-
Paul, qui sont à la fois la fortune et l'espoir
de l'art. C'est du moins ce que semblent nous
révéler en même temps les grandes qualités
de l'œuvre et ses légères imperfections.

L'exposition de M. Barre est complète-
ment heureuse ; car, à la Bacchia, il a joint
un buste de S. M. l'Empereur, et une charmante statuette. Mme de M... était un bien
gracieux modèle, et M. Barre a su en pro-
fiter. Cette statuette est bien posée, l'ensemble s'arrange bien et tous les aspects sont
jolis.

La *Vierge des eaux*, de M. Cordier, sert
de pendant à la Bacchia de M. Barre, et ce
vis-à-vis ne lui est pas favorable, car la
grâce n'est pas son principal mérite. On sait
que cette figure a été brisée au moment
d'entrer au Salon, et qu'elle ne s'y soutient
qu'à force de raccommodages. C'est une
grande perte pour l'artiste, qui attachait sans
doute à son œuvre de grandes espérances,
et qui certainement, pour la parfaire, avait
fait des dépenses considérables de marbre
et de praticien. Mais heureusement, au point
de vue de l'art, nous n'avons pas à regretter
un chef-d'œuvre. Ce n'est pas que la Vierge
des eaux n'ait des qualités : c'est une statue
honnête; il y a des parties fines et bien exé-
cutées, et beaucoup de nature, trop de nature même. Mais l'ensemble s'arrange mal
et ne signifie pas grand'chose ; la tête est
niaise et les cheveux, en mèches séparées,
sont pauvres et pauvrement ondés en vrilles.
M. Cordier a du talent; mais il ne sait pas
encore en tirer parti, et souvent même il le
gâche. — Qu'est-ce que ces affreux Chinois

qu'il nous montre encore cette année? Ce
n'est certainement pas de l'art, mais ne serait-ce pas une de ces affiches dont nous
parlions plus haut?

La *Vérité*, de M. Cavelier, est certainement une œuvre de la grande école, et qui
révèle un homme de talent. L'exécution est
ferme et franche, le modelé vrai et bien senti ;
la draperie qui pend par derrière est soignée
et fait de beaux plis, qui s'arrangent bien
sous la main qu'ils cachent ou qu'ils accusent. On attendait mieux, pourtant, de l'auteur de la *Pénélope ;* la pose est peu heureuse, et c'est froid, froid, froid. Il ne suffit
pas de copier le beau, il faut prendre le
beau côté de la beauté. Si c'est là la *vraie
Vérité*, c'est à faire penser que le mensonge
a bien son mérite.

Puisque nous parlons de la grande école
et de la grande sculpture, hâtons-nous de
poser ici, en première ligne, la figure de
M. Maillet : *Agrippine emportant son fils
Caligula à travers le camp de Germanicus.*
M. Maillet arrive de Rome et débute par une

des plus belles et des plus fières œuvres du
Salon de cette année. C'est un succès. Les
têtes sont expressives, vraies et bien romaines. Celle de l'enfant, surtout, résume ce
type romain, si plein de force et de splen-
deur, que nous montrent les têtes puissantes
des premiers empereurs. Les nus sont fort
beaux (exceptons cependant quelques parties du corps de l'enfant qui sont lourdes
et bouffies), et les draperies ont une magnifique ampleur. Tout cela est noble, sévère,
grandiose. Agrippine marche bien et marche
comme une reine.

On ne voit plus assez, à nos expositions,
de ces belles et grandes œuvres qui maintiennent l'art, dans les hautes régions où
ont pris naissance le Jupiter olympien, la
Vénus de Milo et la Polymnie. La sculpture
aussi, tombe un peu dans le joli; elle va
jusqu'au sensuel même parfois. On a accusé
le grand maître dont nous évoquions tout à
l'heure le souvenir d'avoir ouvert la voie à
cette tendance. Mais Pradier avait assez
prouvé qu'il respectait le beau, pour que la

3

fantaisie lui fût quelquefois permise. Il connaissait la limite qu'il ne fallait pas franchir, et il restait en deçà. M. Maillet est un élève de Pradier.

Puisque nous en sommes à la grande sculpture et à l'école de Pradier, citons ici les œuvres de M. Guillaume, qui expose cette année un bas-relief en marbre : les *Hôtes d'Anacréon* et des bustes en bronze : les *Gracques*. M. Guillaume a un grand respect de l'art, et il le manifeste par une exécution sage et soignée. Les Hôtes d'Anacréon se distinguent par beaucoup de finesse de détails et une bonne étude de l'antique. Les Gracques ont de belles têtes romaines et républicaines ; ils accusent une anatomie très bien sue, et ne montrent pas, cependant, ces muscles trop saillants et pris sur *l'écorché*, qui sont à la mode parmi les admirateurs trop passionnés de Michel-Ange.

Nous n'aimons pas ces exagérations, qui sentent trop l'étude et, disons-le : le *poncif*; c'est pour cela que, malgré quelques bonnes qualités, nous sommes obligés de placer au rang des œuvres peu réussies du Salon, le *Caïn maudit* de M. Falconnier. Les muscles sont décidément trop crispés et les veines trop gonflées.

Dans les *Lutteurs*, de M. Ottin, l'anatomie est moins exagérée; et cependant, là elle est spécialement motivée, puisque la lutte accuse nécessairement plus rigoureusement tous les muscles tendus pour l'attaque ou pour la défense. Ce groupe est un des morceaux les plus remarquables du Salon et sera, nous l'espérons, exécuté en marbre. C'est encore là de la grande et noble sculpture, comme il en faut dans nos musées ou dans nos jardins publics.

Il y a d'excellentes qualités dans l'*Adam et Ève* de M. Dieudonné, mais il y a aussi de grands défauts. Ainsi, la composition du groupe est bien conçue; et cependant, il y a beaucoup d'incohérence dans l'arrangement des détails. Les profils ne sont pas toujours heureux; les peaux de bêtes qui recouvrent les membres du premier homme et de la première femme ont trop d'impor-

tance et ne distribuent pas bien leurs pans.
Il y a notamment une certaine queue qui se
développe sur la jambe droite d'Adam, de
telle sorte, que de mauvais plaisants pour-
raient, à distance, prendre notre 'premier
père pour un satyre, d'autant mieux que le
pied de ladite jambe ne s'aperçoit qu'au
second coup d'œil. L'œuvre pèche, du reste,
par un défaut général plus grave que toutes
ces erreurs de détails : c'est que tous les personnages rentrent les uns dans les autres, et
que la famille semble ne pas être liée seulement par les liens du cœur, mais encore
par ceux des frères siamois. En somme, cela
manque de vigueur. Mais il y a de charmants détails, une savante anatomie et beaucoup de sentiment.

Une des plus belles choses du Salon, et
qui, suivant nous, n'occupe peut-être pas
une place assez en vue, c'est le buste d'E-
tienne, par M. Lequesne. C'est largement
fait, c'est noble, c'est vrai, c'est bien drapé;
les détails sont faits et ne le sont pas trop.
Nous parlions tout à l'heure de la grande

école et de la grande sculpture : — voilà qui
rappelle bien les beaux portraits d'Houdon ;
ces portraits, fièrement campés, grassement
modelés, presque vivants, qui sont autant de
chefs-d'œuvre.

M. Lequesne expose aussi, cette année,
un groupe en marbre, qui lui est commandé
par M. le comte Lemarrois, sénateur. C'est
un pastiche de l'antique, qui se distingue
par d'excellentes études du nu et une grande
finesse de détails.

Un beau buste est une grande œuvre, et
nos statuaires semblent quelquefois l'oublier ;
car il n'est pas rare de voir des noms célèbres signer des bustes insignifiants. Le portrait est pourtant la branche la plus vivante
de l'art, celle où l'artiste peut mettre le plus
de vérité et déployer le plus d'esprit. Tous
les grands maîtres nous ont prouvé, du reste,
qu'ils ne plaçaient point les bustes au second
rang, mais, au contraire, qu'ils leur accor-
daient une attention spéciale. Pour suivre
leur exemple, autant qu'il est en nous, sai-

sissons donc ici l'occasion de citer les prin-
cipaux de l'Exposition :

Ceux de Mme Lefèvre-Deumier se font
remarquer d'abord par leurs qualités vraies
et senties. Il y a beaucoup de finesse et de
flou dans celui de Mgr l'archevêque de Paris,
beaucoup de nature, de franchise et de hardiesse dans celui du jeune fils de l'auteur.
Hâtons-nous même de signaler celui-ci
comme une œuvre originale et sévère, qui
attire dès l'abord le regard et force l'attention. Le modelé est d'une main sûre et puissante ; la tête est belle et intelligente, les yeux
sont rêveurs et profonds, les cheveux abondants et bien plantés. C'est avec bonheur,
sans doute, que Mme Lefèvre-Deumier ad-
mire tous les jours ces traits dans son modèle. Comme mère et comme artiste, elle
aura le droit, maintenant, d'en être double-
ment fière, car ils lui ont inspiré une belle
œuvre.

Les deux bustes de M. Clesinger s'arrangent bien, ont une grande tournure et un
grand luxe d'exécution. Les draperies sont

bonnes, simples et vraies, et, s'il nous en
souvient bien, c'est la première fois qu'il
nous est permis de faire cette remarque et
cet éloge.

Le nom de Pollet est une garantie qui n'a
pas encore menti ; il signe, cette année, une
ravissante tête de Bacchante, bien grassement faite, bien arrangée et bien exécutée.
M. Truphème a trouvé le moyen de faire, en
sculpture, de beaux yeux limpides et rêveurs ;
son buste de *Jeune fille* est un des plus beaux
du Salon. M. Diebolt appartient aussi à cette
école de jeunes statuaires qui savent le secret de la grâce. Il nous le rappelle cette
année par deux bons portraits. Nous citerons
surtout celui de Mlle A***, lequel mérite tous
nos éloges, malgré un peu de raideur et de
sécheresse dans les cheveux. Un charmant
buste de femme, et que nous regrettons de
voir exilé dans les *catacombes*, c'est celui
de Mme la comtesse de L***, par M. de Nogent. Quoiqu'en plâtre, ce buste nous paraî-
trait, par le fini des détails et les qualités de
l'exécution, devoir figurer dans une des

grandes salles et à côté des meilleurs mar-
bres.

L'Angleterre nous envoie, au nom de
M. Moore, deux bons portraits d'hommes
bien modelés, un peu féminisés peut-être,
mais qui sentent les bonnes traditions et ont
un grand sentiment de nature. Quant à la
tête de Bacchante du même artiste, c'est
malheureusement une bacchante anglaise.
Les bustes de M. Courtet sont bien campés
et s'arrangent bien. Ceux de M. Robert comp-
tent parmi les meilleurs ; on ne peut passer
sans admirer la finesse d'expression et d'exécution de celui de M. de Persigny. Nous
avons remarqué aussi une tête en marbre
grec, signée du nom de M. Desprey, d'une
exécution franche, grasse, fine et vraie. Un
beau portrait, c'est encore celui de M. du M...,
un magistrat, dont M. Ferrat a admirable-
ment rendu la physionomie expressive et
fine. Citons encore plusieurs noms qui mériteraient mieux qu'une simple mention,
comme M. Dantan (jeune), qui est fidèle
aux bonnes traditions; M. Roubaud, qui

débute par des portraits qui donnent les plus belles espérances; M. Petit, qui expose un bon buste du roi Louis Bonaparte, et MM. Bosc, Tragin, Montagny, Doublemard, Véray, Taluet et Lescorné.

Nous avons au Salon trois bustes et un médaillon de S. M. l'Empereur. Ces portraits sont bons, mais le meilleur n'est pas encore parfait.

Le groupe des enfants de M. Robertson, par M. Paul Gayrard, nous servira de transition naturelle pour quitter les portraits et retourner aux statues. Ce groupe soutient bien la réputation de M. Paul Gayrard, mieux, par exemple, que le buste de Mme L.-H., qui est un peu mou et vieillit son modèle. Les moindres détails sont parfaitement soignés; l'ensemble s'arrange bien, et les profils sont jolis de tous les côtés.

Voilà la *Cypris* de M. Marcellin, une bien ravissante figure, où la beauté semble s'être faite jolie, où la grâce semble s'être faite noble, pour arriver à la perfection de formes et de détails. —Mais pourquoi, sur cette suave

et radieuse création de l'art, avoir jeté ce
hideux petit fœtus? Oh! M. Marcellin! vous
nous aviez fait une charmante figure, vous
aviez créé une fleur, et sur la beauté parfaite vous mettez une laideur, sur la rose
vous jetez une chenille!

D'abord, cet embryon, que vous nommez
l'Amour, n'est même pas de la grosseur d'un
enfant qui vient de naître, quoiqu'il en ait
toutes les hideurs. Et puis, cette Cypris si
suave, si fine, si gracieuse, cette Cypris si
chaste dans sa nudité, parce que ce n'est pas
une femme, mais une déesse, elle vient donc
d'accoucher?—Vous vouliez faire une Vénus
allaitant l'amour, soit. — Mais n'allaite-t-on
les enfants que vingt-quatre heures après
leur naissance? Et l'amour, ce dieu qui doit
régner même sur l'Olympe, doit-il jamais
avoir été si faible et si difforme?

Et cette petite aspiole, que je ne puis pas
voir sans avoir envie de la prendre par les
ailes et de la jeter bien loin de la Cypris,
cette petite bête, dont le cordon ombilical ne
doit pas être coupé encore, elle grimpe, elle

s'accroche, elle se suspend!—C'est hors nature, donc c'est laid.

M. Marcellin pourrait peut-être me dire
que les anciens, et d'après eux les sculpteurs
de la grande école française, ont souvent
mêlé à leurs compositions des petits génies.
—Mais d'abord ils ne se sont guère donné
cette licence que dans la sculpture d'orne-
ment ou la sculpture allégorique, et alors les
petits enfants représentent ou des fleuves,
ou des affluents ou des génies du vin, du
travail, etc., etc.; ici il n'y a point du tout
d'allégorie. M. Marcellin ne représente point
une idée abstraite, mais Eros, un dieu de
l'Olympe. Ensuite, et d'ailleurs, les génies,
chez les anciens, n'étaient pas des enfants
nouveau-nés; c'était l'enfant ayant des cheveux, l'enfant proportionné et gracieux, plus
petit que nature, et voilà tout.

Que M. Marcellin ôte donc ce petit être
inutile et triste à voir, et il restera une des
statues les plus fines et les plus gracieuses
que nous ayons vues depuis longtemps. Il
le peut, il doit le pouvoir: qu'il fasse de ce-

la un papillon, une fleur, un serpent, une colombe, tout ou n'importe quoi, mais que ce ne soit plus un avorton bon à mettre dans de l'esprit de vin pour le Muséum d'Histoire-Naturelle.

La figure de jeune fille que M. Loison a intitulée le *Printemps* est une de celles que l'on remarque le plus au Salon. C'est qu'en effet, il y a de grandes qualités, et qu'elle se distingue surtout par un heureux agencement de lignes jeunes et chastes. C'est de la bonne, sage et noble sculpture. Nous blâmerons cependant le type et l'expression de la tête, qui ne répondent pas à la finesse du reste du corps. Les attaches du cou sont empâtées et la tête est un peu lourde. Du reste, de charmants détails, des accessoires soignés ; la draperie surtout témoigne d'une exécution remarquable, et s'arrange heureusement.

M. Debay a eu une gracieuse idée et l'a rendue par une gracieuse composition. Son groupe de *la Pudeur cède à l'Amour*, malgré un sentiment un peu trop froid peut-être, offre d'abord à l'œil un arrangement heureux, et qui révèle une grande science des traditions classiques. Les profils sont moins réussis, du côté gauche surtout.

Si Ariane ressemblait véritablement à la statue de M. Van-Hove, nous excusons presque Bacchus d'avoir renoncé au colossal amour de cette grosse Flamande — Mais nous attendions mieux de M. Jouffroy, car sa statue de l'*Abandon* doit être plus ou moins une Ariane.

Sans doute, on retrouve encore là des qualités de la grande école, mais l'exécution laisse bien à désirer. M. Jouffroy néglige de prendre le modèle, ou, s'il le prend, n'en profite guère. Les nus sont ronds, secs, sans finesse. On dirait, à voir sa figure, qu'elle a été exécutée *de chic*, qu'on nous passe cette atroce expression d'atelier, qui ne signifie rien, et qui exprime beaucoup de choses.

La draperie est bien jetée, mais, comme tout le reste, elle n'est pas assez faite ; — et la main gauche ! Comment M. Jouffroy a-t-il

4

pu tant négliger une main qui est si en vue!
L'auteur du *Premier secret confié à Vénus*
est pourtant un des pairs du royaume de
l'art, et il devrait savoir que : *Noblesse*
oblige!

J'ai du bien à dire de la jolie *Psyché éva-*
nouie de M. Huguenin, où il y a de charmants détails, une excellente étude de la
nature et beaucoup de grâce et de morbi-
desse. Les attaches du cou et des membres
sont fines, et l'ensemble est d'un joli modelé.
C'est une des bonnes figures du Salon.

Je ne voudrais pas attaquer la *Marie-*
Madeleine de M. Fabisch, car c'est une
figure qui a de bonnes qualités et qui est
exécutée avec beaucoup de conscience. —
Mais cela pèche par le défaut général de
l'école de Lyon, la sécheresse et la mesqui-
nerie. Ensuite, cette jeune fille, presque enfant encore, malgré ses longs cheveux et sa
croix, n'est certes pas la célèbre pécheresse
de la Judée. — Ni après — ni avant la péni-
tence.

Combien j'aime mieux la *Moissonneuse*

endormie de M. Véray, si grassement mode-
lée, si vraie et si bien posée! Si la *Moisson-*
neuse était exécutée en marbre, ce serait une
des statues les plus remarquées du Salon.
La tête est charmante, bien attachée; les
cheveux sont bien plantés; enfin, c'est une
bonne et excellente création, qui pose bien
son auteur.

C'est une bonne chose aussi, et disons-le
bien vite, que l'*Enfant jouant avec une*
tortue, de M. Pierre Hébert. L'enfant, d'une
jolie nature, bien fine, a une tête rieuse et
expressive, et toute la composition est conçue dans les traditions aimées des maîtres.

Nous avions aimé, l'an passé, la *Fée aux*
fleurs, de M. Moreau, et c'est avec plaisir
que nous en revoyons le bronze. L'*Enfant*
prodigue, de M. Montagny, est une bonne
statue, bien simple, bien sage et bien expressive. Disons-en autant de l'*Abeilard*, de
M. Toulmouche, et de la *Vierge à l'enfant*,
de M. Evrard. Une jolie statue, de la Vierge
aussi, bien religieuse et bien drapée, c'est

celle que M. de Nogent a nommée *Ancilla domini.*

Quelques-uns de nos confrères ont placé, parmi les œuvres remarquables du Salon, le *Bacchus enfant*, de Mme Constant. Pour laisser à notre revue toutes ses garanties d'impartialité, nous ne nommerons cette statue que pour mémoire, et parce que nous avons cité ici la plus grande partie des œuvres exposées. Nous avons aussi, de Mme Constant, un buste de M. Romieu.

Il y a encore, dans les galeries de sculpture du Salon de 1853, quelques œuvres consciencieuses auxquelles nous voudrions pouvoir consacrer une appréciation spéciale ; mais l'espace nous est mesuré. Peu à peu, les pages s'ajoutent aux pages et s'approchent de la limite qui nous est imposée. Nous avons essayé, du reste, de donner une place, dans notre compte-rendu, à presque tout ce qui se recommande ou par d'éclatantes beautés ou par des qualités nombreuses.

Citons encore, cependant, les œuvres de

MM. Renoir, Aizelin, Calmels, Desbœufs, Franceschi, Mélingue et Schœnenwerk, et les deux jolis groupes de M. Michel Pascal.

N'oublions pas non plus le groupe de la *Reine Hortense instruisant son fils Louis-Napoléon des événements qui amenèrent la paix de Tilsitt*, par M. Chatrousse ; car ce groupe dénonce d'excellentes qualités de *faire* et d'*adresse* chez son auteur, qui a su d'abord conserver à ses têtes beaucoup de ressemblance et beaucoup d'expression, et tirer heureusement parti des costumes un peu étriqués de l'époque. Encore un mot pour les deux morceaux que M. Santiago a intitulés : *Ferme flamande* et *Braconnier breton*. La ferme est un petit tour de force, joli à voir pour une fois, mais qu'il ne faut pas renouveler ; et le braconnier fera un superbe bronze d'art, à cause de sa pose hardie, de ses détails mis en valeur, et du travail original qui donne presque de la *couleur* à chaque partie de l'accoutrement.

C'est uniquement parce que nous voulions faire une appréciation spéciale de la

sculpture d'animaux, que nous sommes res-
tés si longtemps avant de prononcer le nom
de M. Lechesne, dont les œuvres sont, cette
année, tout à fait hors ligne. Ses trois groupes, d'une ample et savante facture, sont en
même temps remarquables par une grande
étude des détails. Non seulement M. Lechesne est un artiste de premier ordre, mais
c'est encore un excellent praticien, ce qui,
quoi qu'on en dise, est encore un mérite.
Quelles épaisses et longues toisons que celles
de ces beaux chiens! Il semble que l'on
pourrait passer les doigts dans leurs longues soies blanches. C'est largement fait,
grassement modelé : il y a presque de la
couleur, tant le réalisme se montre palpitant
sans être trivial.

Peut-être pourrait-on demander à M. Lechesne un peu plus de *nature* dans les enfants de ses deux groupes : *Combat et
Frayeur* et *Victoire et Reconnaissance*. Il
nous semble que quelques finesses d'après
le modèle ne feraient pas mal, pour que les
chiens ne viennent pas se détacher en relief

sur les enfants. Encore n'est-ce là qu'une observation de détail.

Le groupe de la chasse au sanglier est une œuvre complète et magistrale ; quoiqu'en plâtre seulement, ce morceau témoigne d'une aussi belle exécution que les autres, et réunit plus de difficultés vaincues. La chasse est très bien groupée de tous les côtés, il n'y a pas un seul profil sacrifié. Tout s'enveloppe dans un mouvement magnifique et avec un entrain plein de fougue. Il y a une vérité palpitante dans tous les mouvements des chiens, dont les uns s'élancent à la curée la gueule écumante, les oreilles crispées, tandis que les autres retombent pantelants et déchiquetés par les défenses aiguës du sanglier. Les menus détails sont exécutés avec un soin rare. C'est au milieu d'une forêt centenaire, sous les hautes ramures des chênes de Fontainebleau ou de Compiègne, que cette meute royale atteint cette royale proie.

Voilà de ces œuvres qui font une réputa-

tion et marquent dans une exposition, voire
même dans les annales de l'art.

Avec les groupes de M. Lechesne, l'œuvre
la plus remarquable que nous donne cette
année la sculpture d'animaux, c'est le *Cheval de trait, blessé,* que M. Fremiet a représenté au moment où il va être abattu, sur
les charniers de Montfaucon. C'est d'abord
une étude de la nature très vraie, très sage
et très complète, c'est ensuite une composition très simple, et qui cependant contient
tout un drame—un drame émouvant, comme
tous les drames qui sont simples. — Quel
accident a causé l'envoi de ce pauvre cheval à l'abattoir, où il va bientôt prématuré-
ment mourir! A quel dur labeur a-t-il été
ainsi blessé, sans espoir de guérison? —
Est-ce en tirant la charrue sur une terre
aride et rocailleuse, ou bien en portant une
charge trop lourde au montant d'une côte
escarpée, et sous les coups de quelque bru-
tal charretier? — Pauvre bête!... on va le
tuer parce qu'il ne peut plus travailler, parce

qu'il ne peut plus servir!... C'est l'implacable loi de la nécessité.

C'est une bonne chose que l'étude de cerf, que M. Rouillard a appelée : l'*Hallali*. Il y a aussi des qualités dans le *Cheval attaqué par un lion,* de M. Fratin. Parmi nos sculpteurs d'animaux exposants cette année, citons aussi les noms de MM. Isidore Bonheur, Caïn et Mène. — Mais quelle finesse de détails dans les deux petits groupes que M. Gonon a intitulés : *Nid de Fauvettes inquiété* par un rat et une vipère, et *Rossignols et raisins!* Tous les artistes savent que M. Gonon est notre plus habile fondeur. Il possède un procédé qui fait une révolution dans l'art du bronziste. Il rend l'œuvre de l'artiste, quelle que soit sa délicatesse, sans le secours des ciseleurs qui, si souvent, dénaturent maladroitement le premier travail, et il colore le bronze plus habilement qu'on ne l'a fait jusqu'à présent. Mais l'industrie du véritable bronze d'art est bien tombée depuis quelques années. Il y a en France plus de *bourgeois* que de connaisseurs, et l'on achète par conséquent plus de bronzes de pacotille ciselés en gros et à peu de frais, que de bronzes de prix. Et puis, l'artiste, entraîné par la passion de son art, l'artiste, qui se cache dans son atelier pour perfectionner toujours le procédé qu'il a découvert, ne sait pas aller chercher les commandes, qui ne viennent guère toutes seules, avant que le gouvernement ne leur ait montré le chemin... Alors, c'est la misère quelquefois qui vient.

Il est, en général, une remarque à faire, c'est que, depuis quelques années, la sculpture d'animaux fait des progrès à chaque Salon, comme la peinture de paysage. Ni les anciens, ni les artistes de la renaissance ne sont arrivés à cette perfection. Ils regardaient la sculpture d'animaux comme un travail tout à fait secondaire, et digne seulement des ornemanistes. Raphaël n'avait pas d'idée du paysage, et Poussin, notre grand Poussin lui-même, ne faisait pas de vrai paysage. Les Flamands seuls ont ouvert

la route à cette branche de l'art, qui pro-
duira des chefs-d'œuvre.

Ainsi, quoi qu'on en dise, l'art fait des
progrès et marche toujours, puisqu'il explore
aujourd'hui des zônes naguères inconnues.
— On nous dira peut-être que, si les Raphaël et les Michel-Ange dédaignaient la
nature bestiale et la nature champêtre, ils
traitaient la nature humaine beaucoup mieux
que nous, et d'une façon bien plus grandiose. Mais, mon Dieu! l'art était alors dans
toute la fougue d'un rajeunissement qui était
presque une seconde naissance ; il avait
donc toujours cette originalité que nous n'a-
vons plus, cette puissance de création qui
appartient à toute chose jeune, et qui nous
manque pour refaire à nouveau ce que nous
avons déjà fait tant de fois. Mais cette verve,
cette énergie, nous la retrouvons pour des
études vraiment neuves, où peut se déve-
lopper un génie primesautier. Et puis les
animaux ne nous ont-ils pas été, pour ainsi
dire, révélés par les savants, les naturalistes,
les philosophes? L'animal a grandi de toute

une création depuis le jour où l'on a pu discuter sans ridicule la question de son intelligence. Persuadera-t-on maintenant à l'artiste qui a étudié les mœurs des animaux qu'ils n'ont absolument que de l'instinct? Qui me prouvera à moi que le pinson qui vient tous les matins et tous les soirs voir à ma fenêtre son oiselle qu'on a mise en cage pour la sauver des griffes du chat, parce qu'elle a l'aile cassée, n'a pas de mémoire et pas de sentiment? — M. de Toussenel a prétendu, dans un livre charmant, que les bêtes avaient non seulement de l'intelligence, non seulement du sentiment, mais encore une faculté toute française, de l'esprit! — On pourrait aller très loin sur cette route, mais, après tout, dans ce siècle de fraternité et de bienveillance universelle, qui est-ce qui voudrait positivement affirmer que les bêtes ne valent pas mieux que les gens?

———

PEINTURE.

LA GRANDE ÉCOLE.

∌−∈

MM. Heim. — Benouville. — Dumas. — Lazerche et Vinchon.

∌−∈

PEINTURE.

CHAPITRE Ier.

Le talent est la maladie de notre époque. Le talent nous tue et nous mène grand train à la *médiocratie*. Partout, dans toutes les branches des professions libérales, de la littérature ou de l'art, le talent se précipite vers les issues et les encombre. Les talents surnuméraires (j'appelle ainsi tous ceux qui sont réduits à l'état de comparses, tant que dure la pièce en représentation sont la plaie

5.

vivante des civilisations. Plus le talent se multiplie et se vulgarise, plus les grands hommes deviennent rares, plus les pièces d'or se changent en monnaie courante, et plus les spécialités divisent chaque branche de la science ou de l'art.

Voyez un peu le Salon de cette année, et tous nos Salons depuis quinze ou vingt ans! Que de talents, toujours, et combien peu de personnalités tranchantes et complètes! Certes, le jury a été sévère, et, sauf bien peu d'exceptions, les douze cents tableaux exposés manifestent tous des qualités incontestables. Cependant, sur la masse, il s'en détache à peine une douzaine dont on gardera mémoire : et encore!...

C'est pour cela que nous suivrons, pour la peinture, le même mode d'appréciation que pour la sculpture; c'est-à-dire que nous rendrons compte du plus grand nombre d'œuvres possible, dussions-nous en critiquer quelques-unes. Quelle que soit la bienveillance ou la bonne volonté de l'écrivain, il ne peut pas prendre à partie chacune de ces douze cents toiles, et lui consacrer une appréciation spéciale ; il lui faut généraliser beaucoup, et n'accorder de mention qu'aux œuvres très saillantes. Dans cette circonstance, la critique n'est donc point une attaque décourageante, mais, au contraire, une distinction.

La peinture, dite de l'*Ecole,* doit nous occuper la première ; non pas, peut-être, parce qu'elle représente en toute chose ce qu'il y a de plus remarquable au Salon, mais parce que, dans l'art, elle représente la tradition incorruptible et grandiose de l'antique et des vieux maîtres. — On nous dira peut-être que s'occuper dès l'abord de la peinture de l'Ecole et des tableaux classiques, c'est faire, au jour de l'an, la visite de rigueur à ses grands parents, ou faire précéder un feuilleton sur la vie parisienne actuelle, d'une étude archéologique sur les civilisations disparues de l'Égypte ou de la Grèce. Mais, comme les païens, comme les traditions antiques, la peinture de l'Ecole a pour elle une chose, une grande chose : la science.

On ne songe pas assez à cela lorsque l'on passe dédaigneux devant les grandes toiles, souvent insignifiantes du reste, que les élèves de l'Académie des Beaux-Arts rapportent de Rome tous les ans. Sans doute, c'est de la peinture ennuyeuse. Nous avons déjà tant vu les mêmes poses, les mêmes compositions, les mêmes personnages drapés à l'antique, ou en saints de convention ! Mais précisément à cause de ces nécessités imposées par la tradition, personne ne s'aviserait guère de faire de cette peinture uniquement par vocation. L'Académie des Beaux-Arts est une institution destinée à la conservation de l'art, comme les manufactures de Sèvres et des Gobelins, dans un genre moins élevé.

Il ne faut pas s'y tromper : sauf de très rares exceptions, la *Nouvelle École* n'a pas de science. Elle a de la verve, de la puissance, du génie quelquefois, de la jeunesse surtout. A-t-on bien pensé à ce qu'elle deviendrait, livrée à elle-même, si l'Académie ne restait pas là pour lui donner des préceptes et des exemples ? et la critique n'a-t-elle pas failli à sa mission d'impartialité et de prudence en se montrant, depuis longtemps déjà, si froide, si indifférente, si hostile même, envers la *peinture de l'Ecole ?*

A tout seigneur tout honneur : puisque nous sommes à l'Académie, restons-y pour nous occuper d'abord de l'œuvre de son président actuel, M. Heim. Depuis bien longtemps M. Heim n'avait pas exposé, et c'est un événement pour l'art, et un événement qui devrait bien faire faire à la critique un retour sur elle-même, car, s'il est, dans l'Académie, un artiste qui allie à la science du dessin et à la pureté de la ligne la fougue et le brio dramatique des compositions de la jeune école, c'est assurément M. Heim.

Sa *Bataille des Cimbres* est une de ces grandes pages historiques comme l'art ne nous en donne plus assez. Il y a un sujet palpitant d'émotion et d'intérêt d'abord, dans ce combat, qui a déjà si bien inspiré

Decamps, quoique d'une manière toute dif-
férente.

M. Decamps a compris la scène dans toute
sa vaste étendue, et l'a surtout envisagée
comme une mêlée immense, où deux races
sont en présence ; comme un tourbillon
presque fantastique, dans lequel s'enroulent
des milliers d'épisodes.

M Heim, au contraire, s'est uniquement
placé au point de vue sévère de la muse classique. Il a lancé, au milieu des rochers et des
torrents, de vrais Romains et de vrais Cimbres : la civilisation antique à la poursuite
de la barbarie déjà menaçante. Pour cette
fois encore, les races du Nord sont vaincues,
et les Romains, bien disciplinés, bien armés,
culbutent et massacrent les fiers enfants de
la Gaule ; les femmes, les enfants tombent
en cascade du haut des rochers : les mou-
rants et les blessés sont entraînés par le tor-
rent. La lutte est terrible, tout s'écroule
avec fracas. C'est une composition vivante,
dramatique, et soutenue par un souffle puissant.

Pas n'est besoin d'ajouter, puisque nous
avons nommé M. Heim, que la *Bataille des
Cimbres* est une œuvre où toutes les traditions de l'histoire ont été respectées, où tous
les types sont reproduits avec une vérité
magistrale. Il y a tout un passé dans l'atti-
tude et le mouvement du Romain, à la tête
petite et droite, aux membres agiles ; il y a
un avenir dans le courage de lion du bar-
bare, aux formes athlétiques, à la tête puissante, aux cheveux longs et abondants. Les
voilà bien, ces blondes filles de la Gaule,
qui savaient respirer l'odeur des combats,
qui, filles, suivaient leurs pères, épouses,
leurs époux, et mères, menaient leurs enfants voir les héros vaincre ou mourir !

Nous avons vu plusieurs fois la *Bataille
des Cimbres* dans l'atelier de l'artiste, et
nous en avons été satifait sous tous les rap-
ports. — Maintenant, que nous revoyons
cette toile au Salon, dans cet immense atelier des Menus-Plaisirs, où elle est presque
perdue, et au milieu de tant d'autres toiles
gigantesques, plus brillantes et plus colorées

les unes que les autres, nous trouvons, et
l'artiste l'aura sans doute remarqué comme
nous, que la couleur n'est pas toujours heureuse. Mais quand on sait, comme M. Heim,
représenter un événement mémorable par
une composition de maître, quelques fautes
d'harmonie sont bientôt réparées, et l'on
sait vîte faire d'une grande œuvre une œuvre sans taches.

M. Benouville n'a pas encore assez spécialement montré son individualité pour que
nous ne le comptions pas parmi les peintres
de l'*Ecole*; mais son tableau de cette année est un des meilleurs du Salon et le pose
bien. Il y a du sentiment et de la poésie
dans sa composition, bien agencée d'ailleurs, et bien enveloppée dans une couleur
tranquille et harmonieuse.

Quant aux grands tableaux qui décorent,
comme toujours le haut des salles, ils ne
nous paraissent pas exiger de mention spéciale : non, parce qu'ils manquent de qualités sérieuses ; mais parce que ces qualités
sont toujours les mêmes et toujours doublées

des mêmes défauts. On a vu cela l'an passé, et on le reverra l'an prochain. Nous avons dit, en commençant cet article, pourquoi nous soutenions la peinture de l'*Ecole* en général; mais les bornes de notre cadre ne nous permettent pas d'en apprécier les œuvres en particulier.

Nous voudrions pourtant dire que nous trouvons bien des qualités et bien du talent dans ce tableau qui a eu un succès à Rome : *Séparation de saint Pierre et de saint Paul allant au martyre,* par M. Dumas ; ainsi que dans la *Mort de la Vierge,* de M. Lazerges, et dans les *Martyrs sous Dioclétien*, par M. Vinchon.

L'ÉCOLE NÉO-GRECQUE.

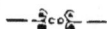

MM. Hamon. — Gérome. — Toulmouche. — Picou. — Jobbé-Duval — Gendron. — Jallabert.

CHAPITRE II.

N'est-ce pas ici, à la suite de notre examen de la *peinture de l'École*, que nous
devons placer le compte-rendu des œuvres
de toute cette pépinière de jeunes artistes
qui, sous le nom d'*école Étrusque* ou d'é-
cole *Néo-Grecque*, représente certainement,
à l'heure qu'il est, un rejeton très vivace
du vieux trône classique? Chaque année,
nous éprouvons un embarras nouveau à
bien définir cette école, et à lui trouver,
dans les divisions de l'art, une classification exacte. En effet, ces tableaux de genre
antique sont-ils positivement classiques, et
MM. Gérome, Hamon, Picou, Gendron, etc.,

sont-ils absolument des dessinateurs? C'est ce qui devient plus douteux à mesure qu'on examine leurs œuvres de plus près et avec plus de soin.

On est d'accord pour proclamer que ces messieurs ne sont pas coloristes, et cependant je ne voudrais pas affirmer que la ravissante idylle de M. Hamon, *Ma sœur n'y est pas*, pèche absolument par la couleur. En dehors du voile de gaze grise qui recouvre entièrement la toile, il y a une harmonie bien comprise entre tous les tons du tableau, et l'harmonie est, à nos yeux, la condition la plus nécessaire et la plus indispensable de la couleur.

Quelle jolie idée d'abord, et quels jolis détails! Le tableau de M. Hamon est un des plus remarquables du Salon. C'est un coin de la Grèce entrevu en rêve. Voilà bien l'idylle, et l'idylle antique dans toute sa pureté. Tibulle n'aurait pas voulu d'autre traducteur que M. Hamon, et, quant à nous, c'est presque vainement que nous cherchons une critique pour ce bijou de l'école Néo-

Grecque. Ne pourrait-on pas dire cependant que si la jeune fille agenouillée derrière ses délicieux petits frères se levait, elle serait un peu grande pour l'adolescent qui vient lui apporter un couple de tourterelles ? Et si, exigeant beaucoup de qui a beaucoup reçu de la nature et de l'étude, nous disions à M. Hamon que le jeune homme aurait dû être un peu plus fermement dessiné que les petits enfants , serait-ce de mauvaise chicane ? — Nous nous en rapportons à lui.

Nous disions tout-à-l'heure que l'école Néo-Grecque n'était pas coloriste, et si le tableau de M. Hamon ne nous avait pas arrêté en chemin, nous allions ajouter que, fort heureusement, les qualités de cette école n'exigeaient pas absolument la couleur. Mais, comme le fait remarquer, je crois, un de nos érudits confrères , on peut ne pas avoir de couleur du tout, mais il faudrait éviter d'en avoir une positivement désagréable, et c'est ce qui est arrivé à M. Gérome. M. Gérome est un de nos peintres les plus aimés , et c'est pour cela que nous

lui dirons, avec une franchise un peu bru-
tale peut-être, que son exposition de cette
année n'est pas à la hauteur des précédentes ; son *idylle,* d'une composition
froide, d'un dessin sec, n'a pas pour elle la
grâce, cette qualité indispensable de la poésie rustique et naïve. Ce n'est pas ainsi qu'on
rêve Daphnis et Chloé au bord de la fon-
taine. Ces tons durs ne peignent pas les héros
de Longus, et que faire de ces deux adoles-
cents, boudeurs et honteux l'un devant
l'autre, si on n'en fait Daphnis et Chloé?

La *frise* destinée à être reproduite sur un
vase de la manufacture de Sèvres ne nous
semble pas plus heureusement entendue.
La composition, d'une grande simplicité,
est cependant ce que nous aimons le plus.
Cette idée si simple sent son maître. Mais
quelle couleur agaçante! On dirait que
M. Gérome a pris à tâche d'éviter l'harmonie, et a eu peur même de la rencontrer
par hasard.

Et puis, encore une fois, est-ce bien là
véritablement du dessin? La ligne est pure,

correcte, noble, mais les formes sont-elles modelées d'après la nature vivante? Ces questions, on pourrait les adresser à beaucoup de classiques, et ce serait peut-être ici le lieu de faire observer que l'école de la ligne et l'école du dessin ne sont pas toujours absolument la même chose.

Au milieu de la pléiade néo-grecque, l'étoile de M. Toulmouche compte cette année parmi les plus brillantes. Ses deux petits tableaux, *Après déjeuner* et *Le premier pas*, sont pleins de charme et d'expression.

Pourquoi M. Picou, qui nous a donné de si jolis tableaux de genre antique, et qui a, quand il le veut, un pinceau si moelleux et si facile, retourne-t-il maintenant en arrière pour se retrouver en compagnie de MM. Delorme et Pierre Guérin ?

Et M. Jobbé-Duval, où retourne-t-il aussi, avec son *Antigone ensevelissant son frère Polynice?* Et M. Gendron, pourquoi laisse-t-il sa couleur devenir plus grise et sa peinture plus molle? Et M. Jalabert!.....
M. Jalabert, le peintre admiré de la *Jeune*

Italienne du dernier Salon, pourquoi, cette année, expose-t-il deux tableaux peints avec de la crème fouettée, et qui sortent tellement de la réalité, qu'ils semblent avoir été exécutés dans un accès de somnambulisme?

C'est parce que nous aimons beaucoup l'école Néo-Grecque, et c'est parce que nous trouvons beaucoup de qualités réunies aux défauts de ses chefs, que nous avons tant de sévérité. MM. Gérome, Jobbé-Duval, Picou, Jalabert et Gendron ont assez de talent pour prendre leur revanche. Ils la prendront, et plutôt deux fois qu'une ; ce qui nous obligera d'en faire autant.

LES COLORISTES ET LES RÉALISTES.

ᎧᎧ

MM. Chasseriau. — Antigna. — E. Delacroix. — Marcel Verdier. — Courbet. — Doré. — Dumaresq. — Gustave Moreau. — Louis Boulanger. Gigoux et Mme de Rougemont

——⁂——

CHAPITRE III.

Après la Grèce du siècle de Périclès, après cette Athènes du règne d'Alcibiade, qui ressemblait tant au Paris de nos jours, voici la Rome opulente des Césars. Au soleil blanc de ces matinées grecques, dont M. Hamon rend peut-être mieux qu'on ne croit. les splendeurs voilées, succèdent les radieuses clartés d'un éblouissant soleil d'Italie.

C'est M. Chassériau, qui abandonne tout-à-coup les débauches de couleur auxquelles il s'était laissé aller depuis quelques années, pour revenir à l'art complet, noble, sérieux, grandiose qu'il avait illustré jadis. C'est M. Chassériau qui nous introduit

7

tout-à-coup, nous, profanes du XIXe siècle, au milieu de l'antique trepidarium où les femmes de Pompeï venaient, après le bain, sécher leurs membres ruisselants, onder leurs cheveux, les abaisser sur le front en longs bandeaux parfumés, et envelopper leur beauté tout entière dans cet ensemble de soins minutieux dont les anciens avaient fait une science.

Parisiens de la décadence! que nous sommes de pauvres sires, comparés à ces Romains du siècle de Néron! ils savaient vivre, au moins, et nous ne le savons pas encore! Il est vrai que nous savons tant d'autres choses qui valent mieux!...

Qu'on nous pardonne cette boutade, un peu païenne peut-être pour un chrétien; mais nous aimons cette belle civilisation antique, qui n'a marqué ses traces dans l'art que par des chefs-d'œuvre, et qui encore aujourd'hui inspire seule nos peintres et nos statuaires, quand ils veulent évoquer la beauté éternelle.

Devant le tableau de M. Chassériau, si

l'on peut, par la puissance de sa volonté, s'isoler de la foule et faire abstraction des temps et des lieux, on se retrouve un instant au milieu de Pompeï, dans un palais soutenu par des statues et des colonnes, au seuil de ce trépidarium, à quinze pas de ces belles Romaines, qui étendent languissamment leur corps parfumé, ou détirent leurs membres assouplis, avec un réalisme si puissant.

C'est un événement que le *Trepidarium de Pompeï*, et un événement d'autant mieux accueilli par les vrais amis de l'art, qu'il semble réconcilier un instant les deux écoles rivales du dessin et de la couleur. En effet, voilà un coloriste pur sang, un coloriste parfait, à la fois réaliste et harmoniste, auquel la critique ne peut pas reprocher une faute de dessin.

M. Chassériau ouvre une voie féconde. Unir la ligne et la couleur, est aujourd'hui le grand problème à résoudre, et l'avenir de l'art tout entier est attaché à ce problème.

Comme nous le disions l'an passé, aux époques de foi, quand l'humanité place ses amours et ses espérances dans un monde supérieur et plus parfait que le monde réel, elle demande à l'art la représentation poétique de ce monde. Alors, la perfection suprême de l'art est de créer les vierges de Raphaël et les types nobles et splendides des écoles de la Renaissance.

Aux époques où règnent, au contraire, la raison et les sciences exactes, nous demandons à l'art la puissance du réalisme, et nous ne l'admirons qu'autant qu'il nous refait, pour ainsi dire, la nature.

Jusqu'à présent, donc, la peinture de la *Grande-Ecole* proprement dite a résumé nos tendances artistiques. Mais, aujourd'hui, le règne de la convention est fini. En art comme en littérature, nous voulons le vrai, et nous trouvons que la plus belle des poésies est souvent la plus franche des réalités.

Les réalistes-coloristes possèdent donc

une force immense, car ils sont sur la route
qui conduit au secret de la vie

Or, c'est la vie, la vie réelle et palpitante,
que l'opinion demande maintenant à l'art :
le daguerréotype et la photographie ont ouvert la voie. Il faut d'abord prendre la nature sur le fait, et donner à une œuvre la
FORME, cette condition première de l'existence des corps, soit réels, soit représentés.
Puis, cette forme une fois parfaite, il faut l'a-
nimer par la COULEUR, par l'apparence de
la vie réelle. Quand Dieu, ce grand maître
de tous les artistes, voulut créer l'homme,
il fit d'abord son corps de terre, c'est-à-dire
il le modela, il le dessina ; ensuite, il l'a-
nima en lui donnant la couleur et le mouvement. Puis, enfin, l'âme fut créée pour
penser, aimer, vouloir et se souvenir; et c'est
à la création de l'âme seulement que s'arrête
la puissance de l'art.

L'avenir, avons-nous dit, appartient au
réalisme et à la couleur. — Oui ; mais si
nous concevons quelquefois le réalisme sans
la couleur, en revanche, il nous a toujours

7.

été impossible d'apprécier la couleur toute seule, et sans autre but que la couleur elle-même. Ainsi, nous aimons beaucoup la *Ronde enfantine* de M. Antigna, et nous ne comprenons pas absolument la raison d'être et la valeur des trois tableaux de M. E. Delacroix.

M. E. Delacroix sait qu'il a fait des chefs-d'œuvre et qu'il en fera d'autres. En attendant, il fait des *tartouillades* pour s'entretenir la main, et il les envoie au Salon, ce dont nous ne le félicitons pas.

En effet, dans ces *tartouillades*, il n'y a jamais de dessin, c'est ce que personne ne conteste, et il n'y a pas toujours même l'expression convenable au sujet représenté. — Oui; mais quelle couleur! s'écrient à l'envi tous nos gourmets de *pochades*, tous nos dégustateurs de palette.

Couleur! messieurs. — Oui, sans doute. Mais, comme il est malheureusement encore une certaine partie du public qui ne comprend pas le colorisme pur :

La faute en est aux deux qui la firent si *bête !*

et que la mission de la critique est, comme
nous le disions dans notre premier article,
de faire, pour ainsi dire, l'éducation du public, en même temps qu'elle se fait, vis-à-vis
des artistes, l'écho des gens de goût, per-
mettez-nous d'expliquer à ces déshérités de
l'intelligence ce qu'en terme d'art, nous ap-
pelons proprement la couleur.

La couleur... Mais prenons une comparaison :

. . . . Car la comparaison
Fait toujours beaucoup mieux comprendre une raison.

En musique donc, la première loi imposée par l'oreille et le bon sens, c'est la jus-
tesse du son ; et la première initiation à la
science du contre-point enseigne précisément à l'élève compositeur l'art d'éviter les
discordances et de réunir, au contraire, les
sons faits pour s'accorder. Eh bien ! en peinture, les lois de la couleur sont absolument
les mêmes que celles de la composition mu-
sicale : Savoir d'abord réunir les tons suivant leurs affinités mutuelles et de façon à

ce qu'ils ne se repoussent pas les uns les autres, à ce qu'une *dissonance* ne vienne pas couper un *accord ;* savoir ensuite jouer, avec les sept couleurs du prisme, des gammes chromatiques, ou exécuter des trilles prodigieux, ou enfin composer des sonates complètes ; voilà donc ce qui constitue la science de la couleur.

On le voit, le colorisme est à lui seul une des branches les plus importantes de l'art. Mais il ne suit pas de là, selon nous, que le colorisme, sans le dessin, sans la *forme,* puisse être regardé comme suffisant. On peut faire, sur une toile, des tours de force de couleur et ne créer qu'un mauvais tableau ; de même qu'avec les prodiges du contrepoint on peut souvent faire de la musique sans expression et très ennuyeuse.

Parmi les coloristes-réalistes de la plus belle espérance, nous avions, l'an passé, placé avec un véritable plaisir M. Marcel Verdier. Nous avons cette année un grand tableau de lui. *Scène de jacquerie moderne,* qui ne remplit qu'à demi toutes les espérances que *le Découragement de l'ar-tiste* nous avait fait concevoir. Sans doute, nous retrouvons toujours chez M. Verdier, cette fougue de composition et cette puissante entente de l'harmonie et de la couleur, qui sont ses principales qualités. Mais les personnages n'ont pas assez de relief. Il n'y a pas d'air entre eux pour les séparer et les mettre en valeur ; c'est dommage, car les grandes qualités du tableau en ressortent moins.

M. Verdier avait pourtant bien compris son sujet, dont chaque épisode renfermait un de ces terribles drames que nos aïeux ne connaissaient point. C'est une période tout entière de l'histoire moderne que ce tableau ; triste période, il est vrai ! Mais les arts appartiennent à l'histoire, et si elle a des pages douloureuses, il leur faut, comme aux autres, leur illustration !

Puisque nous sommes dans le voisinage des chefs-d'œuvre de M. Courbet, finissons-en le plus tôt possible avec des excentricités qui ne sont, après tout, que du charlatanisme. M. Courbet, qui avait un certain talent et dont les œuvres n'étaient pas, suivant lui, assez remarquées, avait, une fois, forcé tout à coup l'attention par un tire-l'œil : c'était assez. Tout le monde a rendu justice, l'an passé, à ses *Demoiselles de village,* et il ne lui restait plus qu'à suivre honnêtement sa voie pour conquérir une belle place dans le monde artistique. Son *puff* de cette année est de trop, et ne sert qu'à lui aliéner le public, qui n'aime pas les plaisanteries par trop prolongées, et les journalistes, qui n'aiment pas à être dupes. M. Courbet a du talent, quand il le veut, nous lui devons donc un bon conseil, et, s'il veut nous croire, ce sera sa dernière année de scandale.

Il y a de grandes qualités, et un bon souvenir des maîtres espagnols, dans le tableau que M. Doré a intitulé *Les deux Mères*.

MM. Dumaresq et Gustave Moreau ont du talent; mais l'un imite trop M. Couture, et l'autre M. E. Delacroix.

Mme de Rougemont, malgré un *faire* un

peu mou, expose un des meilleurs tableaux de son école ; et, puisque nous parlons des coloristes et d'une femme, regrettons ici de ne pas voir au livret le nom de Mme Bertaut.

M. L. Boulanger n'est pas en progrès, et ne triomphe pas cette année. Quant à M. Gigoux... nous ne savons si la faute est la nôtre ou la sienne, mais nous ne comprenons plus rien à sa peinture.

———

L'ÉCOLE MIXTE.

MM. Robert-Fleury. — C. Jacquand. — Gallait. — Matout. — Barrias. — Duveau. — Landelle. — Léman. — Laugée. — Alexandre Hesse. — Hébert. — Laëmlein.

8

CHAPITRE IV.

Entre les principes arrêtés, les règles inflexibles et un peu bornées, qui enveloppent la peinture de l'*Ecole* comme d'une fortification restreinte, et la libre expansion, les audacieuses tentatives des écoles nouvelles, il existait tout un champ ouvert aux travaux de ces artistes sages et consciencieux qui, à la fois, conservent les traditions et empruntent au mouvement. L'école de ces éclectiques de l'art n'est ni la moins nombreuse, ni la moins illustrée, puisqu'elle peut s'enorgueillir d'avoir pour chef et pour créateur M. Paul Delaroche. C'est celle, d'ailleurs, qui excite le moins de passions contraires, qui réussit encore le mieux et le plus souvent, au gré du public, parce qu'elle a particulièrement pris pour but de ses travaux le côté intime et vrai de l'histoire moderne, et qu'elle peut, par conséquent, rester savante sans devenir ennuyeuse.

Éclectique dans son principe, cette école est, du reste, éclectique aussi dans ses travaux; car, si la branche qui se rattache le plus directement à M. Paul Delaroche se voue en général au *genre historique*, elle compte aussi des adeptes qui procèdent des vieux maîtres des écoles flamande, française et italienne, et consacrent leurs pinceaux à mille sujets divers, ou religieux ou poétiques.

M. Robert Fleury est, depuis longtemps, un des maîtres les plus aimés de l'école historique. Personnellement, nous avons la plus vive sympathie pour le talent du peintre de l'*Inquisition* et des *Huguenots*; c'est pourquoi nous regrettons d'avoir à lui dire, cette année, que son tableau de la *Mort de Montaigne* n'est pas à la hauteur de ses

œuvres ordinaires. Un Robert Fleury ! cela
se voyait d'ordinaire dès l'entrée du Salon,
et captivait, dès l'abord, l'attention de tout
ce qui aime l'art noble, vrai, sérieux, grandiose; aujourd'hui, il faut l'aller chercher;
il faut que quelqu'un vous dise : « Allez
dans le salon carré, à gauche, dans tel coin,
et vous trouverez la *Mort de Montaigne*. »
Quelques amateurs regrettent de ne plus trouver là cette couleur rousse de M. Robert
Fleury, qui enveloppait toutes ses compositions dans l'atmosphère sombre qui conve-
nait à ses sujets ordinaires. Quant à nous,
ce sont ces têtes si expressives et si vraies,
ces compositions si simples et si drama-
tiquement émouvantes, de l'*Auto-da-fé* et
du *Colloque de Poissy*, que nous regrettons
surtout!

   « Montaigne fit dire la messe en sa chambre, et manifesta sa foi religieuse pendant
l'élévation. » dit le livret, d'après Etienne
Pasquier : soit! — Mais la foi religieuse a-t-
elle dû effacer le sceau de l'intelligence sur
cette tête qui régna la première dans le do-

maine des penseurs? Non ; cet homme qui
meurt là, dans la chambre d'honneur d'un
vieux castel du Périgord, c'est peut-être
un saint comme François d'Assises, comme
Louis de Gonzague, mais ce n'est pas un
philosophe, mais ce n'est pas Montaigne.

Est-ce à dire, cependant, que l'œuvre de
M. Robert Fleury soit absolument une dé-
chéance? Non, sans doute; et si le premier
regard fait naître un regret, le second fait
bien vite retrouver le maître qui saura res-
saisir son pinceau ferme et sûr. Il y a, dans
le coin gauche du tableau, quelques têtes
qui rappellent bien ses beaux jours et nous
garantissent l'avenir.

Un artiste, qui nous paraît ne devoir
jamais reculer, faute de faire un pas soit
en avant, soit en arrière, c'est M. Claudius
Jacquand; car il est impossible de refaire
tous les ans, avec une plus placide sérénité,
les mêmes moines sculptés en bois.

Encouragé par son succès du dernier Salon, M. Gallait a envoyé deux tableaux cette
année. Nous avions déjà vu le principal,

Derniers moments du comte d'Egmont, à l'exposition de l'école de Dusseldorf, et nous le revoyons avec plaisir, parce que c'est une œuvre de mérite. M. Gallait fait bien d'envoyer ses tableaux à nos expositions ; car, malgré la frontière, il appartient essentiellement à l'école française, ce qui fait que nous ne le traiterons pas en hôte, mais en concitoyen.

Les œuvres de M. Gallait sont toujours marquées au coin d'une vérité historique scrupuleuse, et les moindres détails témoignent d'un grand respect de l'art. Avec ces deux qualités, un artiste ne peut exécuter que des œuvres respectables, quand bien même il n'y joindrait pas, comme M. Gallait, une grande science, une grande sûreté de pinceau et une exécution brillante. On a blâmé généralement l'expression des têtes, surtout celle de l'évêque d'Ypres, qui, dit-on, manque de la majesté digne d'un pareil moment. Mais, s'il existait un portrait de l'évêque d'Ypres, et que M. Gallait l'eût pris pour modèle, que pourrait-on

dire? Sans doute, et cela peut se remarquer
dans presque toutes les compositions du
maître belge, sans doute M. Gallait voit plutôt dans une épisode la vérité historique
que le drame poétique; sans doute, encore, le tableau des *Derniers moments du
comte d'Egmont* aurait pu être conçu d'une
manière plus héroïque; l'évêque aurait pu
avoir une physionomie plus apostolique, et
le comte d'Egmont une expression plus religieuse; mais la vérité y eût-elle beaucoup
gagné? Sous le héros résigné à mourir pour
sa patrie, le comte d'Egmont ne cache-t-il
pas un peu aussi le partisan accoutumé aux
ovations de la foule, et se demandant, en
contemplant les apprêts de son supplice, si
elle ne va pas intervenir? Puis, dans le cœur
du chrétien soumis aux décrets de la Provi-
dence, n'y a-t-il pas encore un peu de
l'homme aimant? Et l'évêque, le confesseur?
N'est-ce pas aussi un homme politique em-
barrassé de ce qu'il peut dire, parce qu'il
sait qu'on écoute aux portes? En tous cas,
d'ailleurs, M. Gallait est un historien, et non

pas un poète ; — dans un peintre d'histoire, est-ce un tort, est-ce une qualité ?

Nous aimons moins le second tableau de M. Gallait : *le Tasse dans sa prison*, où la vérité matérielle d'un rayon de soleil sur les mains du Tasse absorbe tout l'effet du tableau, au détriment du sujet lui-même. Notre spirituel confrère du journal le *Siècle*, M. Charles Tillot, faisait la critique la plus sensée et la plus irréfutable de ce tableau, en demandant ce qu'on penserait d'un écrivain qui, voulant traiter le même sujet, attirerait uniquement notre attention sur les mains de l'amant de la princesse Léonore d'Este et du poète de la *Jérusalem délivrée ?*

Pourquoi M. Matout a-t-il exposé son tableau d'*Ambroise Paré appliquant pour la première fois la ligature ?* Il y a beaucoup de talent et d'excellentes qualités dans ce tableau ; mais sa destination spéciale devait lui suffire, et il aura beaucoup plus de succès à l'École-de-Médecine qu'au Salon, bien qu'il remette en mémoire ce mot d'Ambroise Paré, le plus sublime et le plus vrai qu'un

médecin ou un chirurgien ait jamais pu
dire : *Je le pansai; Dieu le guérit!*

M. Barrias n'est pas en progrès. Sa composition du *Dante* est peu réussie, et sa couleur n'est pas belle. Nous voilà loin des
Exilés de Tibère.

C'est à regret aussi que nous nous voyons
obligé de reprocher à M. Duveau le peu de
simplicité et de noblesse de sa composition
de la *Mort d'Agrippine.* C'est un tableau
plein de science, exécuté par un homme
de talent, et cependant qui ne peut pas avoir
un succès réel. M. Duveau a en lui trop
d'avenir pour en rester là : qu'il avise!

La *Renaissance*, de M. Landelle, frappe
d'abord par une jolie couleur blonde et harmonieuse, et par un bon souvenir des maîtres de l'époque : particulièrement du Pri-
matice. Au second regard, on remarque un
peu de mollesse dans le dessin, un peu de
vulgarité dans l'expression de la tête, et surtout l'on se demande à quelle taille gigan-
tesque arriverait cette Renaissance, s'il lui
plaisait de se lever? Somme toute, la com-

position de M. Landelle n'est peut-être pas absolument sérieuse, mais elle plaît, et elle décorera heureusement une des salles du Musée.

M. Léman est dans une bonne voie ; son tableau de *La mort de Vittoria Colonna* a d'excellentes qualités. Disons-en autant de la *Mort de Guillaume-le-Conquérant*, par M. Laugée. *Les deux Foscari* continueront la réputation de M. Alexandre Hesse, qui reste fidèle à sa *manière* brillante de peindre l'histoire intime, en faisant revivre un in-stant, à nos yeux, les passions, les luttes et les triomphes de ces grands de la terre, main-tenant recouverts par la poussière des siècles écoulés.

Voici maintenant un des succès de l'an-née, un tableau hors ligne assurément, et que nous plaçons ici uniquement parce que, dans notre classification, nous ne pouvions le compter justement ni parmi les classi-ques, ni parmi les coloristes, ni parmi les réalistes. Peut-être faudrait-il créer, pour M. Hébert, l'école des harmonistes.

En tout cas, le *Baiser de Judas* est une belle et noble composition, comme les sujets religieux ne nous en fournissent plus guère depuis longtemps. Il y a , dans tout l'ensemble du tableau, une grande poésie et un grand sentiment religieux. C'est enfin une de ces œuvres dont les annales de l'art garderont le souvenir.

L'expression à la fois noble, fière et un peu dédaigneuse de la tête du Christ a fourni matière à controverse, parmi les artistes et les écrivains. Les uns ont pris parti pour cette manière nouvelle et hardie de comprendre le type de l'Homme-Dieu, les autres ont trouvé plus philosophique que chrétien le visage de l'Agneau chargé des péchés du monde. D'une part, on a prétendu que, depuis trop longtemps, Jésus était représenté humilié par ses bourreaux, et fléchissant sous leurs insultes : que l'heure était enfin venue de le voir dans sa force et ne subissant la torture qu'au nom de sa volonté toute-puissante ; de l'autre, on a invoqué la tradition catholique, l'autorité des peintres des siècles de foi ; enfin. ce divin sentiment de sacrifice qui ne devait pas permettre, alors, à la céleste victime de châtier Judas, même par le mépris.

Entre ces deux opinions, dont la seconde est peut-être la plus accréditée, nous hésitons à prendre un parti. parce que nous ne sommes pas fâché, pour une fois, de voir traiter, d'une manière neuve, un sujet déjà traité tant de fois, et, parce que nous ne jugeons du tableau qu'à un point de vue purement artistique et nullement orthodoxe. La seule affirmation que nous puissions nous permettre, c'est que M. Hébert est entré par sa *Malaria*, dans la voie du succès, et qu'il va de l'avant.

C'était encore une difficulté de classer justement la peinture mystique de M. Laëmlein ; cela tient de toutes les écoles et ne se rattache à aucune. Il y a dans cette grande composition allégorique intitulée, *la Musique,* beaucoup de fougue de sentiments et de pensées, un grand parti-pris d'harmonie et une vraie hardiesse d'exécution. Ce sont

9

des qualités sérieuses et qui s'approprient bien au sujet. Mais nous ne savons rien de si dangereux pour l'art que de tomber de l'allégorie dans le mysticisme. Le mysticisme est le gouffre où vont s'abîmer les intelligences. C'est déjà bien assez qu'il entraîne si souvent la philosophie et la religion dans une fausse voie, qu'il atteigne en passant la littérature et la poésie; l'art, au moins, les arts plastiques surtout, devraient être à l'abri de son invasion. Car, voyez ce que c'est! Je sais des livres et des systèmes qu'il faut expliquer par des tableaux symboliques, et où irons-nous à présent, s'il va falloir créer des systèmes et écrire des livres pour expliquer les tableaux?

PEINTURE DE GENRE.

MM. Bonvin. — Besson. — Biard. — Frère. — Adolphe Leleux. — Armand Leleux. — E. Giraud. — Millet. — Trayer. — Wilhems. — Dehodencq. — Fortin. — Guillemin. — Loubon. — Luminais. — Marlet. — Knaus. — Meissonnier. — Chavet. — Plassan. — Fauvelet. — Wattier.

CHAPITRE V.

Est-ce que nous allons vraiment nous en-
gager dans le compte-rendu et l'analyse de
tous les tableaux de genre? C'est là surtout
qu'il y a du talent, du talent encore, du talent toujours. Cette peinture est le succès
du jour : elle se vend et elle se paie. Le public la voit, la connaît et l'apprécie; c'est
donc à dire que la critique a moins à faire
avec elle qu'avec toute autre.

On ne peut pas se dispenser de dire,
pourtant, quand on s'occupe d'art, que
M. Bonvin, malgré un *faire* un peu *lâché*,
fait toujours d'excellents tableaux, tandis que
M. Besson, se fiant trop à sa sûreté d'exécu-

tion et à sa couleur papillotante, néglige la recherche de la nature et la véritable étude des valeurs ; que M. Biard est bien en décadence ; que M. Frère continue ses succès, et a fait trois excellents tableaux ; que M. Leleux (Adolphe) a eu tort de quitter sa première manière, et ferait bien de la reprendre ; que M. Leleux (Armand) a fait un joli tableau espagnol ; que M. E. Giraud, qui n'a ni dessin, ni couleur, obtient cependant toujours du succès, à force d'adresse et d'esprit ; que M. Millet, malgré le type un peu vulgaire de ses têtes, a trois bons tableaux, grandement peints, bien lumineux, bien réalistes, et dont l'un, un *Berger, effet du soir,* obtient particulièrement nos sympathies ; que M. Trayer compte aussi ses succès par ses tableaux ; que M. Wilhems a beaucoup de talent, et qu'il a fait de la *Vente publique à Anvers, en* 1660, un excellent tableau, malgré des repoussoirs qui sentent un peu trop le poncif ; que parmi les bons tableaux de genre que nous passons sous silence les meilleurs sont signés des noms de MM. De-

hodencq, Fortin, Guillemin, Loubon, Luminais et Marlet,—et qu'enfin, le succès de
la peinture de genre appartient cette année à
M. Knaus, un élève de l'Académie de Dusseldorf.

Certes, voilà une nomenclature un peu
brève, pour toute une division de l'art, et
pour la division qui compte peut-être le plus
de talents complets et incontestables. Que
voulez-vous? nous passons rapidement précisément, parce que nous avons moins à
reprendre; d'ailleurs, comme nous le disions tout-à-l'heure, la peinture de genre
étant celle que le public apprécie le mieux,
elle est aussi celle qui a le moins besoin
d'être mise en valeur. Ajoutons cependant
que le début de M. Knaus en France le pose
dès l'abord en première ligne, et que ses
deux tableaux, dans lesquels il y a des têtes
impayables, ont attiré dès le premier jour
les connaisseurs, qui prédisent tout un avenir à l'auteur du *Matin, après une fête de
village*.

Impossible aussi de passer sous silence les tableaux microscopiques dont M. Meissonier sait faire chaque année des chefs-d'œuvre, et dont ses imitateurs, MM. Chavet, Plassan, Fauvelet, Wattier, etc., ne manquent jamais de faire des bijoux.

PORTRAITS.

MM. Dubuffe. — Vidal. — Lépaulle. — E. Giraud — Rodakowski. — Cabanel. — Mottez. — Ricard. — Philippe. — Mezzara. — Tyr. — Leygue. — Fay. — Mmes Lapoter et O'Connel.

DESSINS.

MM. Chenavard. — Bida. — Maréchal. — Galbrun.

CHAPITRE VI.

On attendait surtout, du Salon de 1853, un portrait véritable, un portrait ressemblant de cette jeune impératrice, aussi célèbre par sa beauté que par son noble caractère. On connaissait un buste, et l'on savait déjà que l'impératrice Eugénie avait un beau et fier visage; mais on voulait voir les teintes de la vie colorer ces traits charmants; on voulait voir cette opulente chevelure se masser autour de la tête en rouleaux d'or; on voulait voir s'affirmer ces yeux aux purs contours, et sourire ces lèvres, à la fois si fières et si bienveillantes.

Après les lithographies, plus ou moins

malheureuses des étalages, des portraits
véritablement artistiques étaient nécessai-
res. Aussi, la première curiosité du public
s'est-elle portée sur ceux qu'ont exposés
MM. Vidal et Dubuffe.

La vérité nous oblige à dire que l'œuvre
de M. Dubuffe est loin de lui valoir un
triomphe. Il était impossible, suivant nous,
de dénaturer davantage l'expression sympa-
thique et gracieuse de la physionomie de
S. M., et de concevoir d'une manière moins
noble et moins grandiose le portrait d'une
impératrice.

Le dessin de M. Vidal est bien préféra-
ble, selon nous; d'abord il y a de la ressemblance, et surtout une ressemblance
d'expression ; et puis, cette noblesse de port
et de contenance, que notre jeune souve-
raine possède à un si haut degré, et qui
manque si complétement au portrait de
M. Dubuffe, M. Vidal l'a au moins indiquée.

Nous avons véhémentement critiqué M. Dubuffe, et nous voilà obligé de prendre égale-
ment à partie M. Lépaulle, qui n'a pas

réussi non plus le portrait de l'empereur. Il
est tombé dans cette lourde faute, si com-
mune chez les artistes de second ordre, et
qui consiste à faire tellement briller le cos-
tume et les accessoires, que le personnage
s'efface, pour ainsi dire, derrière et ne paraît plus qu'au second plan. Il n'est permis
de donner tant de relief à une paire de
bottes et à une poignée d'épée que lors-
qu'on sait faire une tête comme Denner.
Voyez les maîtres, voyez Titien, Holbein,
Van-Dyck lui-même! Comme les têtes se
détachent dès l'abord, vraies, expressives,
vivantes, et, comme les accessoires, si bien
traités pourtant, n'attirent l'attention qu'au
second regard! — Mais ceci est l'a. b. c. de
l'art.

Les portraits de LL. MM. sont encore à
faire.

Il n'en est pas de même de celui de S.
A. I. Mme la princesse Mathilde. M. E Giraud, qui n'avait pas parfaitement réussi une
première fois, expose cette année un ravis-
sant profil, aux lignes gracieuses et suaves,

et qui est certainement un des meilleurs pastels du Salon.

Les portraits les plus remarqués cette année, ceux qui se placent dès l'abord au premier rang, au point de vue de l'art, sont signés des noms de MM. Rodakowski, Cabanel, Mottez, Chaplein, et de Mme O'Connel.

Le portrait de Mme R..., de M. Rodakowski, conçu dans les grandes traditions, est un chef-d'œuvre d'étude et de patience. Celui de Mme J. P..., par M. Cabanel, est moins étudié, mais plus noblement vu peut-être. Disons-en autant de celui de M. Guizot, par M. Mottez Mme O'Connel a exposé le portrait de Mlle Rachel et celui de M. Romieu. Ce dernier est, selon nous, plus ressemblant et plus heureusement réussi. On remarque surtout que Mme O'Connel a bien su rendre la physionomie spirituelle et fine de son modèle.

Citons encore parmi nos bons portraits, ceux qu'ont signés MM. Ricard, Philippe, Mezzara, Tyr, Leygue et Fay.

A propos de portraits, nous avions vu, avant l'ouverture du Salon, trois ravissantes miniatures, dont un délicieux portrait de blonde, par Mme Lapoter. Nous n'en trouvons plus qu'une aujourd'hui dans les galeries de l'exposition, et précisément la moins remarquable. — Pourquoi?

En voyant ces trois magnifiques cartons, que M. Chenavard a distraits de ses cinquante-trois compositions, préparées pour le Panthéon, on reconnaît avec joie que son œuvre peut dignement porter les éloges qui l'ont annoncée. Il était temps que M. Chenavard justifiât sa réputation, mais il le fait en maître. Sa vaste composition contient l'histoire tout entière, et, pour mieux différencier les époques, pour faire en quelque sorte (qu'on nous pardonne la comparaison) de l'*harmonie imitative*, en fait d'art plastique, il a eu l'heureuse idée de graduer son style d'après les progrès des siècles, et de passer, suivant les sujets et les époques, de l'école byzantine à l'école romaine. C'est là une grande œuvre, grandement exécutée, et qui ne doit pas rester à l'ombre; quelle sera maintenant sa destination?

Comme presque tous les ans, nous avons d'excellents pastels et d'excellents dessins. Notre cadre ne nous permet pas de leur consacrer une appréciation spéciale, et nous ne pouvons que nommer MM. Bida, Maréchal et Galbrun.

Il y a trop longtemps d'ailleurs que nous faisons attendre l'œuvre la plus universellement applaudie que nous ayons au Salon de 1853.

PAYSAGES ET ANIMAUX.

Mlle Rosa Bonheur. — MM. Chintreuil. — Desbarolles. — Bédouin. — Schutzemberger. — Troyon.
Coignard. — Th. Rousseau. — Corot. — Français. — Noël. — — Pron. — Daubigny. — Thierry.
Gaspard Lacroix. — Bellel. — Girard. — Ziem.
Bodmer. — Lambinet. — De Varennes. — Penguilly

— § —

CHAPITRE VII ET DERNIER.

Le *Marché aux chevaux*, de Mlle Rosa
Bonheur, est une de ces pages complètes
comme nous n'en voyons plus qu'à de rares
intervalles. C'est de la belle peinture, grandement vue et largement comprise. Les chevaux sont exécutés de façon à soutenir dignement la comparaison de ceux de Géricault.
Ils sont moins héroïques peut-être, mais plus
vrais, si c'est possible. Le tableau tout entier s'enveloppe dans une lumineuse atmo-

sphère. et manifeste sans fracas un réalisme
extraordinaire. Mlle Rosa Bonheur est dé-
sormais placée au premier rang de nos artistes. On assure qu'elle sera décorée, puisque l'ordre impérial de la Légion-d'Honneur
est maintenant la seule distinction qui lui
reste à obtenir, et nous voudrions être du
jury, uniquement pour lui donner notre
voix.

Est-ce à dire que nous n'ayons absolument
aucune observation à faire sur les deux tableaux de Mlle Rosa Bonheur? — Non, sans
doute. Indiquer quelques taches dans une
belle œuvre, c'est dire qu'elle peut devenir parfaite, et c'est surtout témoigner la
croyance que l'auteur peut aller plus loin
encore. Engageons donc Mlle Rosa Bonheur à supprimer quelques brillants et quelques ombres qui font *papillotage* et nui-
sent quelquefois à l'effet général des masses.
Ces *papillotages* sont surtout choquants dans
le petit tableau *Vaches et Moutons*, qui est
pourtant une des plus délicieuses choses que

nous ayons vues. Il y a trop de détails dans
le paysage, des ombres trop dures dans les
terrains. Un peu plus de largeur dans les
accessoires ferait mieux ressortir les animaux, qui sont exécutés avec une perfection
inouïe, et qui ont vraiment des physionomies
pleines de sentiment. Qu'on ose donc dire,
en face d'un tableau de Mlle Rosa Bonheur,
que les bêtes ne pensent pas !...

En général, du reste, la peinture de
paysage et d'animaux progresse toujours.
Nous avons des artistes qui nous refont
pour ainsi dire la nature, des peintres à la
fois assez réalistes et assez poètes pour re-
produire un coin de bruyères, de champs,
ou de chemin creux, de façon à faire rêver
un instant des plaines giboyeuses du Cher
et de la Brie, ou entendre dans les haies le
chant du grillon.

M. Chintreuil a peint cette année un ta-
pis de bruyères à l'entrée d'un bois, où
nous remarquons des effets de rosée d'une
délicieuse fraîcheur, des tons harmonieux

et doux comme ceux de la nature à son réveil. — M. Desbarolles, dont le tableau n'est véritablement pas placé selon son mérite, expose *le temple de Vesta à Rome*, un paysage d'un grand style, lumineux, harmonieux et plein de vérité, où, sur le ciel, d'un ton fin et heureux, la silhouette des monuments se détache par des lignes pures et par ces beaux tons chauds que donne à la pierre le soleil de l'Italie. — M. Hédouin est encore un des meilleurs paysagistes du salon de 1853. Les *Batteurs de colza* surtout sont d'une jolie couleur et d'une bonne harmonie. On dit que M. Hédouin imite Leleux : c'est possible ; mais il va toujours de l'avant, et comme M. Leleux ne marche plus beaucoup, l'imitateur pourrait bien un jour dépasser l'original.

Les *Batteurs de colza* de M. Hédouin me remettent en mémoire les *Faucheurs badois* de M. Schützemberger, qui sont encore un excellent tableau, plein d'harmonie et de réalisme en même temps.

Les paysages de M. Troyon ont toujours de
l'éclat, de la lumière, de la puissance. Les
eaux et le ciel sont superbes; les seconds
plans et les lointains s'arrangent d'une façon charmante. Ses animaux nous laissent
à désirer quelquefois, mais c'est que Mlle
Rosa Bonheur nous a gâté.

Puisque nous voici revenu aux animaux,
disons bien vite que ceux de M. Coignard
sont toujours peints par un maître. Il a dû
remarquer lui-même que, dans son grand
paysage, ses arbres du premier plan sont trop
verts et trop d'un même vert ; aussi, nous
ne le lui rappelons que pour mémoire.

Le paysage de M. Théodore Rousseau
est certes le plus fort de cette année. Quelle
tenue ! quelle science ! quelle vérité en même
temps ! M. Théodore Rousseau, après avoir
exposé pendant longtemps des ébauches qui
rappelaient la nature vraie, mais vue à travers un voile, M. Rousseau a voulu nous
prouver qu'il était notre plus savant paysagiste, et il a réussi. — un peu trop peut-

être, car, sur les premiers plans, il y a trop de choses *faites*, trop de petites pointes vertes.

M. Corot est toujours le grand paysagiste que l'on sait. Son *St-Sébastien* et son *Coucher du soleil* sont bien composés et s'enveloppent dans un vaste horizon. On les voudrait peut-être un peu moins sombres ; mais on n'ose plus rien dire quand on regarde la fraîche et suave *Matinée* pour laquelle M. Corot a réservé ses tons blonds, et dépensé des trésors d'harmonie et de poésie. — Les paysages de M. Français sont toujours bien jolis ; mais on voudrait peut-être un peu plus de nature et un peu moins de recherche dans l'exécution. — M. Noël n'est pas en progrès, il tombe dans les tons durs et métalliques. — M. Pron continue à se faire remarquer tous les ans parmi nos paysagistes de la plus grande espérance, et M. Daubigny se place cette année au premier rang par ses énormes progrès.

Nous voici arrivé aux bornes de notre

article, ce n'est plus par pages, mais par lignes que nous comptons l'espace qui nous reste encore; un mot cependant pour dire que M. Thierry a fait deux tableaux pleins d'effet et de lumière, que M. Gaspard Lacroix a réussi ses *Cueilleurs de pommes*, que M. Bellel compose et peint ses paysages à la manière des grands maîtres, et que MM. Ziem, Girard, Bodmer, Cabat, Lambinet, De Varennes et Penguilly se maintiennent au nombre de nos meilleurs artistes.

Que de tableaux encore, d'histoire, de genre et de paysage méritent et attirent l'attention, et dont nous n'avons pu rendre compte! Comme nous le disions en commençant l'examen de la peinture, il y a énormément de talent dans toutes les œuvres exposées! Chaque tableau vaudrait une analyse spéciale et renferme assez de qualités pour mériter non seulement l'éloge, mais encore la critique. On dit que l'art est en décadence; il est, au contraire, dans

une voie de progrès presque menaçante;
et, comme M. Thierry le faisait judicieuse-
ment remarquer, dans ses articles de l'*As-
semblée nationale*, des tableaux qui sont
à peine remarqués aujourd'hui auraient,
il y a vingt ans, eu les honneurs d'un Salon,
et fait la réputation d'un artiste !

FIN.

Paris. — Impr. de DUBUISSON, rue Coq-Héron, 5.

———

Page 51, ligne 2, Lazerche, *lisez* Lazerge.

Page 74, ligne 2, trepidarium, *lisez* tepidarium.

Page 75, ligne 11,   idem.   id.   idem.

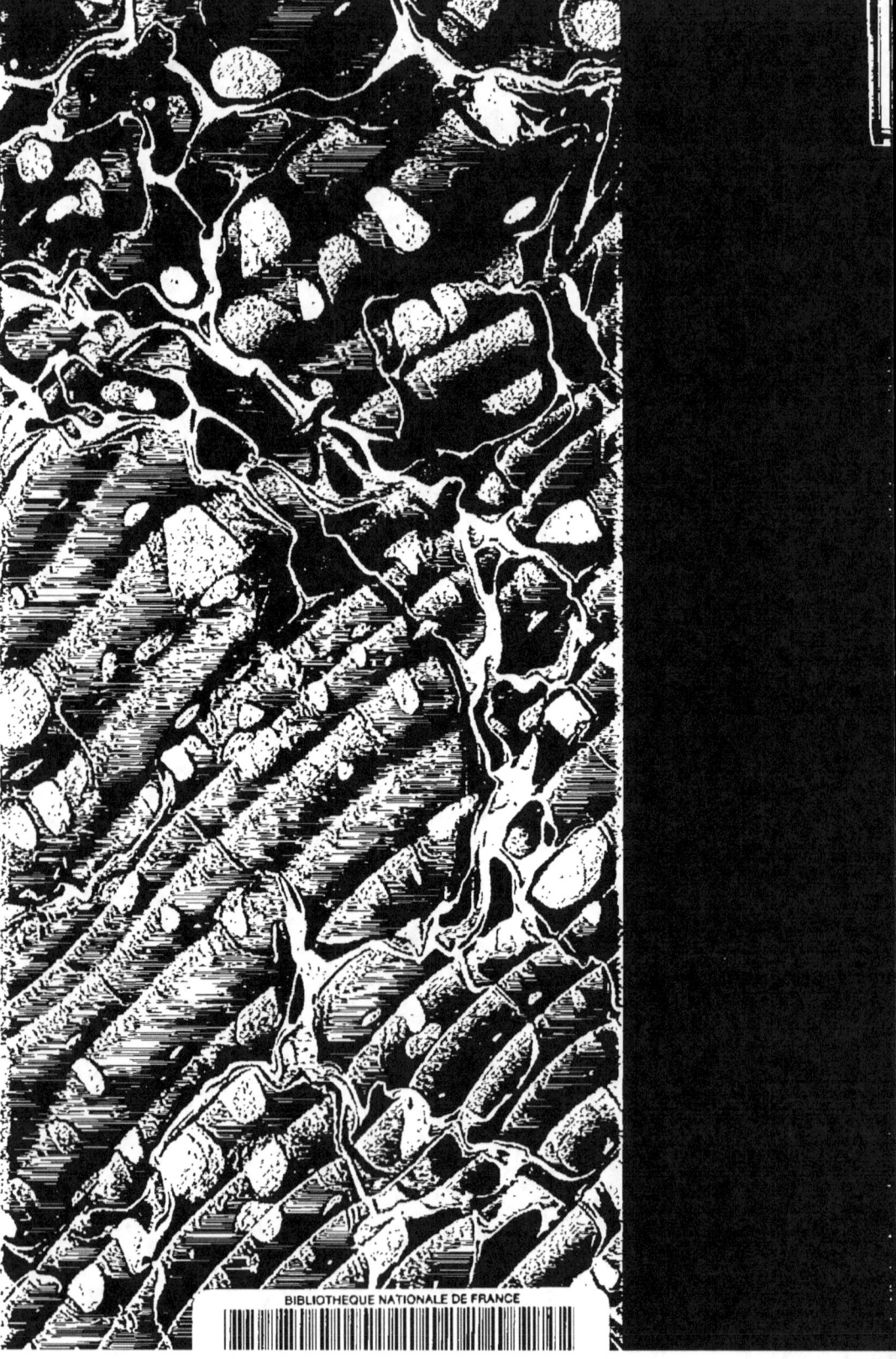

www.ingramcontent.com/pod-product-compliance
Lightning Source LLC
Chambersburg PA
CBHW071551220526
45469CB00003B/977

* 9 7 8 2 0 1 2 7 4 5 2 0 9 *